GUÍA DE LECTURA

Escrita por Natalia Torres Behar

La Celestina

de Fernando de Rojas

Entiende fácilmente la literatura con

ResumenExpress.com

www.resumenexpress.com

FERNANDO DE ROJAS

¿AUTOR DE LA CELESTINA?

- **Nacido en 1470 en La Puebla de Montalbán (España)**
- **Fallecido en 1541 en Talavera de la Reina (España)**

Aunque durante el siglo XIX hubo estudiosos que tildaron a Fernando de Rojas (*c.* 1470-1541) de impostor y descartaron la posibilidad de que hubiera escrito siquiera una parte de *La Celestina*, en los primeros años del siglo XX se descubrieron documentos que permitieron rastrear y diseñar la vida de Rojas. Actualmente, la información sobre él no es extensa, aunque sí suficiente.

Fernando de Rojas nació en La Puebla de Montalbán, a unos kilómetros de Toledo (España), en la década de 1470. Estudió Leyes en Salamanca y muy seguramente tenía poco más de veinte años cuando escribió la primera versión del libro. Luego se trasladó a Talavera, ciudad de la que, incluso, llegó a ser alcalde. Su única obra es la que ahora es conocida como *La Celestina*, uno de los libros en español más importantes de finales de la Edad Media.

Hoy en día, los críticos parecen estar de acuerdo en que Rojas es el autor de los actos II al XVI (la versión que conocemos tiene XXI en total). Aunque la búsqueda por la fuente del acto primero aún es tema de discusión (pues los expertos han encontrado que este difiere en estilo del resto del libro) y no es seguro que haya sido el mismo Rojas quien escribió los actos añadidos, hoy en día los críticos se inclinan por aceptar que Rojas fue el autor de al menos una gran parte de la obra.

LA CELESTINA

EL NACIMIENTO DE UNA LEYENDA

- **Género:** comedia humanística
- **Edición de referencia:** de Rojas, Fernando. 2004. *La Celestina*. Madrid: Cátedra
- **Primera edición:** las primeras ediciones de la obra, entonces titulada *Comedia de Calisto y Melibea*, constaban de 16 actos y datan de 1499 (Burgos), 1500 (Toledo) y 1501 (Sevilla). La edición de Toledo es la primera *Comedia* completa de la que se tiene conocimiento, dado que incluye los textos preliminares (la carta del autor a un amigo y los versos acrósticos, el *Síguese*, el argumento de toda la obra y los versos finales de Alonso de Proaza)
- **Temáticas:** amor, honra, fatalidad

El final del siglo XV marcó varios cambios fundamentales en la historia de la península ibérica: la creación de la Inquisición española (1478), institución que vivió por más de tres siglos; el descubrimiento de América (1492) y el fin de la guerra de Granada (1482-1492) que dio como ganadores a los Reyes Católicos y llevó a la expulsión de musulmanes y judíos de la península. Es así que más de cien años antes de que *Don Quijote de la Mancha* viera la luz en 1605, nació *La Celestina*. Publicada por primera vez bajo el título *Comedia de Calisto y Melibea* y luego rebautizada como *Tragicomedia de Calisto y Melibea*, la obra logró un gran éxito que perduró por muchos siglos más. Se calcula que la *Tragicomedia de Calisto y Melibea* tuvo entre 1499 y 1634 hasta ciento nueve ediciones en español, además de las veinticuatro en francés, diecinueve en italiano, dos en alemán, una en latín clásico y hasta una en hebreo. Su influencia es tal que ahora «celestina» es una palabra que en nuestro vocabulario funciona como sinónimo de alcahueta. Su historia está atada a muchas tradiciones medievales mientras da un paso hacia la que llegaría a ser la novela moderna.

¿Sabía que...?

La influencia de *La Celestina* es tal que la palabra ha sido absorbida por la lengua como sinónimo de la alcahueta. Tras su publicación, la obra gozó de un éxito editorial de inmediato, fue reeditada continuamente en todo el siglo XVI y autores diferentes a Rojas escribieron continuaciones a la historia, como *La Segunda Celestina* de Feliciano de Silva (1534), *La tercera Celestina o Tragicomedia de Lisandro y Roselia* de Sancho de Muñón (1542), la *Tragedia Policiana* de Sebastián Hernández (1548), entre muchas otras.

RESUMEN

AMOR SIN JUICIO

Como si la fortuna así lo quisiera, Calisto se encuentra por casualidad con Melibea y queda profundamente enamorado. Sabiendo que su vida no será la misma después de ese encuentro y que no puede vivir sin ella, le declara su amor, pero Melibea lo rechaza. Totalmente descompuesto y deseando la muerte debido a tal negativa, Calisto expresa sus penas a su criado Sempronio. Este ve en la locura amorosa de su amo una oportunidad para sacar provecho de él, y le aconseja que pida la ayuda de la vieja y astuta alcahueta Celestina. Cuando Pármeno, otro criado de Calisto y viejo conocido de Celestina, se entera de tal plan, intenta advertir a su amo sobre la naturaleza interesada de Celestina contándole de la fama que la precede.

Calisto ignora los consejos de Pármeno y accede a dejar que Celestina ayude a remediar su mal. Celestina sabe que es muy importante que los criados de Calisto la ayuden a mantener la confianza de Calisto en ella, así que convence a Pármeno de que esté de su lado. Primero, acude al nombre de su madre, vieja gran amiga suya. Sin tener éxito, le ofrece el amor sexual de la prostituta Areúsa, y así Pármeno cede. Celestina pide ayuda al diablo por medio de un conjuro y entonces va a casa de Melibea.

CORRUPCIÓN, MUERTE Y VENGANZA

Tras invocar al diablo, Celestina visita a Melibea con el

pretexto de venderle hilado. Una vez dentro, le insinúa la razón de su visita y, aunque en un principio Melibea se indigna, accede a darle un cordón suyo para ayudar a sanar un dolor de muelas de Calisto. Celestina lo usa para terminar su hechizo. Mientras tanto, Pármeno ya se ha acostado con Areúsa, traba amistad con Sempronio y se adhiere por completo al bando de Celestina. Mientras su carácter de siervo leal cambia para asemejarse más al de Sempronio, Melibea también se transforma pues, sin razón aparente, siente una gran pasión por Calisto.

Entonces, los amantes conciertan una cita y consuman su amor. Calisto, en su felicidad, le regala una cadena de oro a Celestina que ella se niega a compartir con Sempronio y Pármeno. Por eso, los criados la asesinan y luego son colgados por tal acto. Muertos Celestina, Sempronio y Pármeno, Elicia (amante de Sempronio) y Areúsa traman una venganza contra los amantes. Aunque no sale todo como lo habían imaginado, el resultado es igual de trágico: Calisto se cae de la escalera mientras sale de la habitación de Melibea y esta, tras despedirse de su padre, decide suicidarse.

¡OH, ADVERSA FORTUNA!

Tras la muerte de su hija, los padres de Melibea quedan devastados. Alisa (madre de Melibea) enmudece sin poder reaccionar a la noticia, mientras que, en uno de los fragmentos más estudiados por los críticos de la obra, Pleberio (padre de Melibea), tras escuchar el razonamiento previo a su muerte, lanza una larga queja en contra de su suerte. No le preocupa su honra, sino la ausencia de su única hija y su muerte antes de la suya. Así que lanza un gran vituperio en contra de la fortuna, del amor y de la muerte, todas ellas temáticas fundamentales en la literatura medieval.

ESTUDIO DE LOS PERSONAJES

CELESTINA

Celestina es el personaje central de la obra y, también, el más complejo. Cada uno de los personajes que hace referencia a ella la ama y también la desprecia; para ellos es madre, notable mujer, sabia, vieja honrada; pero también una vieja barbuda, hechicera, astuta, codiciosa, avarienta, puta alcahueta y trotaconventos, entre muchas caracterizaciones más. Por lo tanto, los diferentes personajes que se refieren a ella coinciden en una admiración por su capacidad de engaño, pero también en una prevención a su comportamiento.

Celestina se considera una flaca vieja, los personajes dicen que es una vieja barbuda y hacen continuas referencias a la cicatriz de su rostro, lo cual nos permite tener una visualización física de ella. Adicionalmente, el sabio manejo de la retórica es una de las características más encantadoras de este personaje. Su fama la precede y sus diferentes oficios le han permitido adquirir una movilidad social que le otorga un lugar privilegiado.

Irónicamente, el personaje de la Celestina podría encajar en lo que entonces se consideraba un amigo que actuaba como mediador o mensajero entre los amantes, pero ni el deseo de Calisto por Melibea encaja del todo en el amor cortés, ni las intenciones de Celestina en las de la típica trotaconventos. Celestina no es una enviada de la fortuna, sino que construye y vela por la suya propia. Su independencia, sus rasgos de bruja (aunque jamás es llamada como tal), en últimas su libertad, parece que fueron gran parte de los atractivos de este complejo personaje y un referente para los que se habrían de construir después con la novela moderna. Además de la razón por la cual se apoderó del título de la obra.

CALISTO

Calisto es un joven de veintitrés años, hermoso, bien vestido y un poco despilfarrador de su hacienda. Se ha enamorado perdidamente de Melibea. Su amor le ha hecho perder cualquier signo de razón frente a su entorno, situación que aprovechan tanto Celestina como sus criados para aprovecharse de él. Calisto muestra los típicos síntomas del que sufre de melancolía y locura de amor, pero aunque en principio parece que esta característica lo haría el héroe de la obra, en realidad su enamoramiento lo convierte en un ser marcadamente egoísta, con una alteración en la percepción de realidad, en su juicio y en su conducta.

Su carácter oscila entre los altos ideales del amor cortés, pero se desdibuja al dar preponderancia a las debilidades humanas que al final lo llevan a la muerte. Parece que Rojas no quiso entonces crear un héroe, sino un antihéroe, un hombre que a pesar de su juventud y origen noble, es engañado. Muchos críticos aseguran que Rojas intenta que Calisto escape a su papel meramente paródico a uno mucho más interesante donde la imaginación juega un papel fundamental. No obstante, hasta su muerte resulta absurda, pues muere por un descuido y no de manera «heroica».

MELIBEA

La doncella Melibea aparece escasamente en la obra. Calisto asemeja su belleza a la de Helena. Su honrosa familia y su virginidad son los bienes que posee y a los que en primera instancia se aferra. En el primer acto, Melibea se muestra reticente a corresponder el amor de Calisto, aunque la influencia de Celestina hace que cambie rápidamente de parecer. Tal vez sus escasas apariciones hacen más evidente una rápida evolución, puesto que «de ser una adolescente con rasgos todavía infantiles [pasa] a convertirse en una mujer madura y apasionada que prefiere seguir a su amante hasta la muerte antes que vivir sin él» (Rojas 2004, 41).

Aunque termina también perdidamente enamorada de Calisto, su carácter contrasta con el de él. Mientras que Calisto es pesimista y pasivo (incluso su muerte llegó por accidente), Melibea está segura de sí misma y actúa cuando así lo quiere (ella decide seguir a su amante en la muerte). Esta independencia, que contrasta con la dependencia de Calisto a Celestina o a sus sirvientes, hacen dudar en muchos fragmentos incluso de si su enamoramiento es, en verdad, producto de la hechicería de Celestina o de su retórica.

LOS SIRVIENTES

Sempronio y Pármeno son los criados más allegados a Calisto. Estos personajes son menos idealistas y explícitamente tentados por el deseo sexual. Sempronio es un ser codicioso, egoísta y cobarde, pero, astutamente, aparenta una fidelidad que no siente. Pármeno comienza siendo leal, pero vencido por el deseo de pasar una noche con Areúsa, termina acercando su carácter al de Sempronio.

Siempre presentados en dupla, su respectiva relación con las prostitutas Elicia y Areúsa es un retrato paródico del amor cortés y un espejo realista de la relación entre Calisto y Melibea. Sempronio y Elicia también reflejan los vicios de Celestina como la codicia y el cinismo. Pármeno, en cambio, tiene al principio de la obra un sentido moral y la intención de prevenir a su amo contra las maquinaciones de Celestina. Como personaje con una explícita transformación, es más cercano a Melibea.

Por otro lado, la criada de Melibea es Lucrecia, un personaje más bien neutral que, aunque conoce la fama de Celestina y huele los engaños a los que está siendo expuesta su señora, mantiene su lealtad y su silencio. Sosia y Tristán, criados también de Calisto e introducidos a la obra tras la muerte de Pármeno y Sempronio, parecen ser leales a su amo y poco pasivos. Aunque sus papeles son menores, no resultan innecesarios pues es Sosia quien le revela a Areúsa la logística de los encuentros amorosos de Calisto y Melibea, lo cual eventualmente repercute en su muerte.

LAS PROSTITUTAS Y LOS RUFIANES

Elicia y Areúsa son prostitutas, protegidas de Celestina. Amantes de Sempronio y Pármeno, respectivamente. En un primer vistazo parecería que las características de ambas permitirían que fueran herederas del oficio de Celestina. Pero como pasa con los criados, a pesar de que en primera instancia parecen muy similares, en realidad tienen rasgos que las diferencian. Mientras que Elicia ha sido siempre más dependiente de Celestina y parece, además, despreciar su trabajo, Areúsa es más independiente en comportamiento y en pensamiento. Ella demuestra desprecio por la opinión del vulgo, critica el orden social y a la servidumbre y defiende su independencia. Sus claras opiniones y su astucia la hacen la gran heredera de Celestina: «Pues prima, aprende, que otra arte es ésta que la de Celestina, aunque ella me tenía por bova porque me quería yo serlo» (Rojas 2014, 313).

Areúsa, además, es quien más influencia tiene sobre los personajes de clases bajas. Su noche con Pármeno transforma su carácter, su coqueteo con Sosa devela la estrategia para ejercer venganza por la muerte de Celestina, Sempronio y Pármeno; y su relación con el bribón Centurio establece el método ideal para llevarla a cabo.

Centurio, aunque de corta aparición, es un amante regular de Areúsa. A este peligroso rufián de la clase baja encarga Areúsa el asesinato de Calisto, y aunque decide no llevar a cabo personalmente la labor encomendada por Areúsa, sí envía a su compañero Traso (fugaz amante de Elicia) para que la ejecute por él y dé muerte a Calisto.

LOS PADRES DE MELIBEA

Alisia y Pleberio, padres de Melibea, pertenecen a la aristocracia, aparecen poco en la obra, y su papel es muy enigmático. Alisa, a pesar de que se muestra recelosa la primera vez que Celestina va a su casa, deja a su hija sola con la vieja alcahueta y no advierte nunca los encuentros de Melibea y Calisto. Además, queda totalmente desmoronada y acallada cuando conoce que su hija está enferma (incluso antes de saber cuál era el mal que la aquejaba). Pleberio, por su lado, aparece tan solo en los últimos dos actos. Más que un padre autoritario y guardián de su hacienda y su nombre, se presenta como un padre afectuoso. La muerte de su hija lo deja devastado y da lugar a un soliloquio final que cierra la obra con reflexiones sobre la fortuna, la juventud, el amor y la muerte.

CONSIDERACIONES FORMALES

GÉNERO

Debido a su nombre de comedia o tragicomedia y, principalmente, a su estructura dialogada, *La Celestina* fue considerada, por varios siglos, como una obra de teatro. No obstante, sus veintiún actos con cambios escénicos constantes y variados, e incluso la difícil y compleja dicción y audición de algunos párrafos largos llenos de citas eruditas, han sido factores determinantes para que se considere irrepresentable. Por ello, son dos las teorías que más aceptación han tenido entre la crítica con respecto al género de la obra de Rojas: como «novela dialogada» y como una adaptación de la «comedia humanística».

La Celestina como «novela dialogada»

Carlos Aribau (escritor, político y economista español, 1798-1862) fue quien consideró por primera vez que *La Celestina* era una «novela dialogada» debido principalmente a su extensión y a su irrepresentabilidad, aunque estuviera estructurada en diálogo.

La Celestina como una adaptación de la «comedia humanística»

Marcelino Menéndez Pelayo (escritor, filólogo, crítico literario e historiador español 1856-1912), aunque de acuerdo con Aribau, tuvo dudas sobre la acepción de *La Celestina* como «novela» y encontró en la obra muchas similitudes con la comedia humanística latina. María Rosa Lida de Malkiel (filóloga, medievalista y clasicista argentina 1910-1962) tomó estas ideas para investigar y desarrollar en profundidad esta relación de la obra española con el género latino. *La Celestina*, aunque no está escrita en latín y no tiene un final feliz, sí guarda una gran similitud con la comedia humanística por su carácter irrepresentable y por las coincidencias en sus personajes de clases sociales bajas, su uso continuo de sentencias, el empleo de recursos técnicos como la acotación, el aparte y el monólogo, entre otros.

TÍTULO Y ESTRUCTURA

Cabe recordar que las primeras ediciones conocidas de la obra la titulaban *Comedia de Calisto y Melibea* y consistía en dieciséis actos. Varios cambios vinieron con la impresión de las siguientes ediciones, entre esos el título que ahora era *Tragicomedia de Calisto y Melibea*. La razón, parece aclararla el autor en el prólogo.

> «Otros han litigado sobre el nombre, diziendo que no se avía de llamar comedia, pues acabava en tristeza, sino que se llamase tragedia. El primer autor quiso darle denominación del principio, que fue placer, y llamóla comedia. Yo viendo estas discordias, entre estos estremos partí agora por medio la porfía y llaméla tragicomedia» (Rojas 2004, 81).

Adicionalmente, esta nueva edición viene con veintiún actos, los cinco nuevos interpolados desde el acto catorce, que incluyen los textos preliminares (la carta del autor a un amigo y los versos acrósticos, el *Síguese*, el argumento de toda la obra y los versos finales de Alonso de Proaza); y las revisiones al texto. Es esa edición la que actualmente tiene por nombre *La Celestina*.

La obra se desarrolla en pocos escenarios —el cuarto de Calisto, la casa de Melibea, los cuartos de las prostitutas, los jardines donde se encuentran los amantes— y es tan solo Celestina la que parece moverse libremente entre todos ellos.

La unidad formal, asegura Dorothy Severin parafraseando a Gilman, está soportada en la duplicación de elementos y en una geminación de personaje y episodio que refuerzan el carácter irónico de las situaciones y los personajes: el amor de Pármeno y Areúsa como paralelo y parodia del amor de Calisto y Melibea, dos noches de amor, dos criados (y ambos mueren), dos prostitutas, etc.

ESTILO Y LENGUAJE

La lengua de la obra

Tal vez lo que más llama la atención al lector en la lectura de *La Celestina* es el español al que se enfrenta. Esto se debe a que este español corresponde a una lengua de la baja Edad Media; por lo tanto, la ortografía y la grafía de algunas palabras difiere del español actual. Vale la pena recordar que, durante la baja Edad Media, la península ibérica libró numerosas gestas entre reinos, cada uno de ellos con un dialecto particular (todos derivados del latín vulgar) y el reino de Castilla fue afianzando su poderío en la península sobre todo a raíz de las gestas de la Reconquista. A esto se le suman las figuras de personajes como el rey Alfonso X de Castilla y León «el Sabio» (1252-1284) que instauró numerosas casas de traducción de textos de diferentes culturas al español.

Geminación estilística

Vale la pena resaltar que la geminación en lo formal tiene un paralelismo interesante en lo estilístico: el carácter dialógico de la obra. En la conciencia del otro, incluso en los monólogos y en los abundantes murmullos entrecomillados, se develan los personajes al lector. El uso de la segunda y de la primera persona es vital para este énfasis en lo dialógico, razón por la cual Rojas, en su revisión de la *Comedia* para la publicación de la *Tragicomedia*, hace pequeños cambios que permiten resaltar este aspecto al hacer mayor énfasis en el interlocutor. Algunos de los ejemplos detectados por Gilman son: «*Señora*, que *te* acuerde...»; «que aprenda de *mi* a tener mesura en el tiempo de *tu* yra, en la qual *yo vsé*...»; «avnque fueran las que *tú pensauas*...» (las palabras en cursiva representan los añadidos en la *Tragicomedia*).

El uso de refranes

Como heredera de la comedia humanística, la obra está llena de refranes. La literatura medieval solía tener un carácter didáctico y para eso las máximas fáciles de recordar para lectores y escuchas eran fundamentales. Estos refranes surgen a lo largo del texto de todos los personajes, sin excepción.

La ironía como articuladora

La ironía es esencial en el carácter tragicómico de la obra. Severin hace referencia a los diversos tipos de ironía en *La*

Celestina:

- premonitoria, especialmente en los diálogos de los personajes que aluden figurativamente a su muerte sin saber que esta, en efecto, llegará al final de la obra;
- dramática, sobre todo en la alianza de Pármeno con Celestina, a pesar del menosprecio que siente hacia ella, o el enamoramiento de Melibea a pesar de su inicial rechazo;
- verbal, en situaciones en que los personajes expresan su opinión, pero actúan de forma diferente, con Celestina, por ejemplo, la madre de Melibea, que a pesar de desconfiar de ella la deja sola con su hija.

La ironía, entonces, no solo es una herramienta de anticipación y dramatismo, sino que además contribuye al tono paródico de la obra, especialmente a lo referido al personaje de Calisto. De igual manera, arrastra consigo un juicio a los valores de la sociedad.

TEMÁTICAS Y CLAVES DE LECTURA

EL AMOR

El amor es el tema determinante de la obra dado que configura el comportamiento de casi todos sus personajes. El tema del amor fue central en la literatura medieval y formó parte de colecciones de poesía (especialmente escritas en árabe), tratados como *El collar de la paloma* de Ibn Hazm, el popular *Libro del Buen Amor* del Arcipreste de Hita, y de la literatura caballeresca, entre otros.

Los lectores de principios del siglo XVI, familiarizados con esta herencia literaria, tenían en su imaginario todos estos modelos así que podían reconocer en los amantes de *La Celestina* una parodia al amor cortés y una alusión al amor como enfermedad.

El escéptico amor cortés

Los preceptos del amor cortés dominaron gran parte de la literatura europea escrita a partir del siglo XII. Estos preceptos condicionaban este amor de la siguiente manera: amor entre miembros de clases nobles, una relación amorosa secreta que no tenía como fin el matrimonio de los amantes ni la consumación sexual de la relación, la divinización de la amada, el amante como siervo de su amada y el sufrimiento amoroso que es fuente de placer para los amantes. La amada, además, es fuente de inspiración y motor de vida del amante.

La Celestina presenta a Calisto y Melibea como amantes

paródicos de ese amor cortés. Desde el comienzo, Calisto no es discreto con su cometido: lograr que Melibea lo ame e incluso consumar su amor. Para él no es suficiente la idea de Melibea sino que necesita ser reconocido y correspondido. Su deseo es tal, que no le importa sacrificar su honra para lograrlo (al morir Sempronio y Pármeno, Calisto solo podía salir de su casa en las noches para no ser fuente de chismes). La divinización de Melibea, adicionalmente, alcanza niveles hiperbólicos y herejes, pues Calisto la convierte en su religión: «Sempronio: ¿Tú no eres christiano? / Calisto: ¿Yo? Melibeo só, y a Melibea adoro, y en Melibea creo, y a Melibea amo» (Rojas 2004, 93). Mientras tanto, el amor de los criados con las prostitutas se muestra explícitamente sexual y no se esconde bajo ningún manto cortés.

El amor como enfermedad

Remedia amoris (en su expresión ovidiana) o el amor como enfermedad, es un apelativo que encierra el comportamiento tanto de Calisto como de Melibea. En el libro, algunos de los signos de esta enfermedad son dolor del corazón, insomnio y desmayos, entre otros.

Esta «enfermedad» los lleva a la locura. El «loco amor», otro tema recurrente en la literatura medieval, es un amor que no se distingue de la lujuria y que es una manifestación de falta de razón. Por eso Celestina es considerada médica y física en muchos pasajes del libro debido a que es facilitadora de este amor.

En este sentido, Calisto y luego Melibea, enfermos de amor, pierden todo tipo de razón. El poder de este amor es tal que puede causar la muerte, como es el caso de los amantes, la alcahueta y los sirvientes.

Pleberio, en su soliloquio final, y reflexionando sobre la muerte de su hija Melibea, personifica al amor para quejarse de su gran poder: «¿Quién forza a mi hija a morir, sino la fuerte fuerza de amor? [...] Amor [...] ¿Quién te dio tanto poder? Dulce nombre te dieron; amargos hechos haces [...] tú matas los que te siguen» (Rojas 2004, 342). «Tristán e Isolda» protagonizan la leyenda principal sobre amantes totalmente enloquecidos por el amor.

LA HONRA

La honra, como buena opinión y fama adquiridas por la virtud y el mérito, era un tema importante en la literatura medieval sobre todo en la literatura caballeresca. En *La Celestina*, sin embargo, la honra, aunque es una de las preocupaciones de los personajes, no es la principal. Es más, aunque hay numerosas referencias a que se ha de perder la honra o a que hay que acudir en su auxilio, estas referencias no tienen una intención moral auténtica. Esto se manifiesta claramente en los personajes de Calisto y Pleberio quienes, viéndose deshonrados por la muerte de sus criados y de su hija, respectivamente, no muestran una queja explícita al respecto: Calisto ignora su deshonor y piensa en sus encuentros con Melibea; mientras que Pleberio, más que por su honor perdido, sufre por la muerte temprana de su hija.

LA FATALIDAD

Asegura Dorothy Severin que *La Celestina* resume tres temas de la Edad Media: la fortuna, el amor y la muerte. La *Fortuna Mutabilis* es un lugar común medieval que, en efecto, atraviesa *La Celestina*. Los personajes parecen conscientes de su influencia y hacen referencia continua a ella en sus diálogos. Adicionalmente, las vueltas de la fortuna están relacionadas con la ironía trágica y el resultado fatal de los personajes.

Por eso Pleberio lanza su llanto al desamparo y al ilógico girar de esta rueda (imagen a la que suele estar asociada la fortuna). Pero un giro interesante de esta obra es, precisamente, que la fortuna no se presenta como una fuerza preestablecida e inmutable: Celestina es un personaje que juega con esta fuerza a su favor y, en este sentido, es dueña de la suya propia.

PISTAS PARA LA REFLEXIÓN

ALGUNAS PREGUNTAS PARA PROFUNDIZAR EN SU REFLEXIÓN...

- Celestina es usualmente asociada al demonio. ¿Qué características físicas y morales así lo demuestran?
- ¿Cuál cree usted que fue la razón por la cual el título de *Tragicomedia de Calisto y Melibea* fue reemplazado por *La Celestina*?
- Pármeno, indeciso, dice en el primer acto de la obra: «Celestina, todo tremo *en* oyrte; no sé qué haga; perplexo estó. Por una perte, téngote, por madre; por otra a Calisto por amo. Riqueza desseo, pero quien torpemente sube a lo alto, más ayna cae que subió» (Rojas 2004, 123). ¿Qué decisión toma respecto a su posición y cuáles son sus consecuencias?
- ¿Encuentra otras manifestaciones de amor en el libro además de las mencionadas?
- ¿Qué función cumplen los refranes y las máximas en la obra?
- La Celestina contó con varias continuaciones (que no fueron escritas por Rojas) y ha contado con múltiples adaptaciones de todo tipo: teatro, radio, televisión, cine, pintura. ¿Cuál cree usted que es el valor que permite a la obra mantenerse actual?

¡Su opinión nos interesa!
¡Deje un comentario en la página web de su librería en línea,
y comparta sus favoritos en las redes sociales!

PARA IR MÁS ALLÁ

EDICIÓN DE REFERENCIA

- de Rojas, Fernando. 2004. *La Celestina*. Madrid: Cátedra.

ESTUDIOS DE REFERENCIA

- Bataillon, Marcel. 1963/1964. "La originalidad artística de *La Celestina*". *El Colegio de México. Nueva Revista de Filología Hispánica*, t. 17, n.° 3/4, 264-290.
- Barbera, Raymond E. 1962. "Sempronio". *Hispania*, vol. 45, n.° 3, 441-442.
- Barbera, Raymond E. 1964. "The Paradoxical Hero". *Hispania*, vol. 47, n.° 2, 256-257.
- De Quirós Mateo, José Antonio Bernaldo. 2009. "*La Celestina* desde el punto de vista escénico. Consecuencias para la atribución de la autoría". *Lemir: Revista de Literatura Española Medieval y del Renacimiento*, nº. 13, 97-108.
- Fernández, Sergio, coord. 2004. *A quinientos años de la Celestina (1499-1999)*. Compilación de Carmen Elena Armijo Canto. México: Facultad de Filosofía y Letras (UNAM).
- Gilman, Stephen. 1953. "Diálogo y estilo en *La Celestina*". *El Colegio de México. Nueva Revista de Filología Hispánica: Homenaje a Amado Alonso*, t. 2, n.° 3/4, 461-469.
- Hazm, Ibn. 2008. *El collar de la paloma*. Madrid: Alianza Editorial.

LECTURAS RECOMENDADAS

- Lida de Malkiel, María Rosa. 1962. *La originalidad artística de* La Celestina. Argentina: EUDEBA, Editorial universitaria de Buenos Aires.
- Arcipreste de Hita, Juan Ruiz. 2008. *El libro del buen amor.* Madrid: Editorial Cátedra.